AF311929

CATALOGUE

DES

ANCIENNES PORCELAINES

DE SÈVRES, PATE TENDRE

DE SAXE, D'ALLEMAGNE ET AUTRES

BISCUITS

Objets variés

BRONZES ITALIENS DU XVIe SIÈCLE

PENDULES

MEUBLES

Étoffes et Dentelles

DONT LA VENTE AURA LIEU

HOTEL DROUOT, SALLE No 8

Les Mercredi 2 et Jeudi 3 Mars 1892

à deux heures

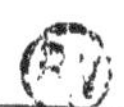

Me Paul CHEVALLIER	**M. Charles MANNHEIM**
COMMISSAIRE-PRISEUR	EXPERT
10, rue de la Grange-Batelière, 10	7, rue Saint-Georges, 7

EXPOSITION PUBLIQUE

Le Mardi 1er Mars 1892, de 1 heure 1/2 à 5 heures 1/2

CONDITIONS DE LA VENTE

Elle sera faite au comptant.

Les acquéreurs payeront CINQ POUR CENT en plus des prix d'adjudication.

L'exposition mettant le public à même de se rendre compte de l'état des objets, aucune réclamation ne sera admise une fois l'adjudication prononcée.

Paris. — Imp. de l'Art. E. MÉNARD et Cⁱᵉ, 41, rue de la Victoire.

DÉSIGNATION DES OBJETS

PORCELAINES TENDRES DE SÈVRES
ET AUTRES

1 — Tasse côtelée de forme droite et sa soucoupe en ancienne porcelaine tendre de Sèvres ; décor de montants
émaillés bleu, alternant avec des pendentifs de feuilles ;
bordures émaillées rose ; rehauts de dorure. Lettre O,
1766. Décor par *Théodore père*.

2 — Tasse côtelée de forme droite et sa soucoupe en ancienne porcelaine tendre de Sèvres ; décor de montants
formés de trois filets carmin et alternant avec des pendentifs de feuilles.

3 — Autre, presque semblable, avec soucoupe, même porcelaine. Lettre T, 1771. Décor par *Noël*.

4 — Tasse de forme arrondie et sa soucoupe en ancienne
porcelaine tendre de Sèvres ; décor de bandes ondulées à
fond bleu, alternant avec des pendentifs de fleurs. Lettre
K, 1762.

5 — Tasse de forme arrondie et sa soucoupe en ancienne porcelaine tendre de Sèvres ; décor de jetés de roses encadrés de feuilles dorées et réservés sur fond émaillé vert. Lettre P, 1767. Décor par *Noël*.

6 — Tasse de forme arrondie et sa soucoupe en ancienne porcelaine tendre de Sèvres ; décor de paysages et instruments de jardinage sur fond œil de perdrix. Décor par *Vieillard*.

7 — Tasse légèrement évasée et sa soucoupe en ancienne porcelaine de Sèvres ; décor de médaillons, de vases fleuris reliés par des rinceaux ; bordure bleue à feuillages. Décor par *Vieillard*.

8 — Tasse cylindrique et sa soucoupe en ancienne porcelaine tendre de Sèvres ; décor bleu et doré imbriqué, avec médaillons-bustes en grisaille.

9 — Tasse mignonnette et sa soucoupe en ancienne porcelaine tendre de Sèvres ; décor de baguettes enguirlandées en camaïeu bleu. Sous la tasse, lettre H, 1760. Décor par *Catrice* ; sous la soucoupe, lettre L, 1763.

10 — Petite tasse et sa soucoupe en ancienne porcelaine tendre de Sèvres ; décor de bouquets de fleurs en camaïeu bleu. Lettre K, 1762. Décor par *Pierre jeune*.

11 — Tasse de forme arrondie et sa soucoupe en ancienne porcelaine tendre de Sèvres ; décor de guirlandes de fleurs sur fond émaillé vert. Lettre K, 1762. Décor par *Noël*.

12 à 14 — Trois tasses de forme arrondie et leurs soucoupes
en ancienne porcelaine tendre de Sèvres ; décor de bouquets de fleurs alternant avec des compartiments treillissés. Décor par *Noël et Fontaine*. Lettre H, 1760, sous
deux tasses.

15 — Tasse de forme arrondie et sa soucoupe en ancienne
porcelaine tendre de Sèvres ; décor de bandes ondulées
émaillées bleu turquoise, alternant avec des pendentifs
de fleurs. Lettres C, 1755, et E, 1757.

16 — Tasse mignonnette de forme ovoïde et sa soucoupe en
ancienne porcelaine tendre de Sèvres ; décor de lambre-
quins formés de fleurons et de feuillages. Lettre R, 1769.

17 — Tasse forme cul de poule en porcelaine tendre et soucoupe en ancienne porcelaine tendre de Sèvres ; décor de
palmettes, guirlandes et petits médaillons à décor rayon-
nant et fond bleu.

18 — Tasse de forme arrondie et sa soucoupe en ancienne
porcelaine tendre de Sèvres ; spirales à fond bleu, char-
gées de feuillages dorés et séparées par un filet réservé
en blanc. Dorure par *Chauvaux père*.

19 — Sucrier rond, couvert, côtelé, en ancienne porcelaine
tendre de Sèvres, à décor de médaillons allongés de
fleurs séparés par des montants bleus. Lettre N, 1765.
Décor par *Noël*.

20 — Théière ovoïde couverte, à anse, en ancienne porcelaine tendre de Sèvres, à décor de baguette enguirlandée
émaillée bleu.

21 — Sucrier rond couvert, à anse et avec plateau en ancienne porcelaine tendre de Sèvres : paysages animés, réserves sur fond émaillé vert ; rehauts de dorure.

22 — Sucrier rond couvert, en ancienne porcelaine tendre de Sèvres, à décor de réserves d'oiseaux, sur fond bleu de Vincennes ; encadrements rocaille dorés. Monture en bronze.

23 — Aiguière et bassin oblong à bords lobés, en ancienne porcelaine tendre de Sèvres, à décor de guirlandes de fleurs ; rehauts de dorure. Lettre V, 1773.

24 — Sucrier couvert en ancienne porcelaine tendre de Sèvres, à décor de médaillons de fleurs sur fond bleu turquoise ; rehauts de dorure. Monture en bronze.

25 — Deux salières oblongues en ancienne porcelaine tendre de Sèvres, à décor de jetés de fleurettes et de guirlandes ; rehauts de dorure. Lettre Y, 1776. Décor par *Noël*.

26 — Cabaret composé d'un plateau, un sucrier couvert, une tasse avec soucoupe, en ancienne porcelaine tendre de Sèvres, à décor de bordures formées de médaillons de fleurs alternant avec des compartiments treillissés et imbriqués.

27 — Cabaret en ancienne porcelaine tendre de Sèvres, à décor de paysages réservés sur fond œil de perdrix, composé d'un plateau, une théière couverte, un sucrier couvert et une tasse avec soucoupe.

28 — Onze assiettes en ancienne porcelaine tendre de
Sèvres; au centre, une fleur; marli gaufré.

29 — Bourdaloue en ancienne porcelaine de Sèvres, à décor
de jetés de fleurs émaillées bleu.

30 — Autre, même porcelaine, à décor de jetés de fleurs en
couleurs.

31 — Verrière oblongue en ancienne porcelaine tendre de
Sèvres : réserves d'amours en camaïeu bleu sur fond
bleu de Vincennes; encadrements dorés.

32 — Verrière oblongue en ancienne porcelaine tendre de
Sèvres, à décor de bouquets de fleurettes et de deux
bandes émaillées bleu avec rehauts de dorure.

33 — Deux verrières oblongues à anses, en ancienne porcelaine tendre de Sèvres, à décor de bouquets de roses et
bordure émaillée bleu.

34 — Petit vase tulipe en porcelaine tendre, orné de deux
médaillons circulaires contenant des fleurs et des fruits et
réservés sur fond bleu turquoise; encadrements,
hachures et filets dorés.

35 — Deux seaux en porcelaine tendre, à décor de bouquets
de fleurs et filets bleus; rehauts de dorure.

36 — Sucrier rond, couvert, en porcelaine tendre, à bandes
ondulées alternées vertes, bleues, et décorées de fleurs.

37 — Aiguière et bassin oblong en porcelaine tendre, à

médaillons d'attributs de l'amour sur fond bleu turquoise. Monture en bronze.

38 — Tasse trembleuse obconique à anses, avec présentoir, en porcelaine tendre; décor d'enfants réservés sur fond caillouté bleu et doré enrichi de rubans verts.

PORCELAINES DE SAXE

ET D'ALLEMAGNE

39 — Groupe en ancienne porcelaine de Saxe : Bacchant sur un tonneau dont un amour tire du vin ; à côté, autre amour dansant ; terrasse rocaille.

40 — Berger jouant du flageolet au milieu de ses brebis, ancienne porcelaine de Saxe.

41 — Petit groupe en ancienne porcelaine de Saxe : Fillette et amour sur terrasse rocaille.

42 — Groupe en ancienne porcelaine de Saxe : Musiciens, sur socle à tore de laurier.

43 — Candélabre à deux lumières en bronze, du temps de Louis XV, et ancienne porcelaine de Saxe : Groupe de fillette et de jeune garçon assis près d'un arbuste.

44 — Deux figurines en ancienne porcelaine de Saxe, se faisant pendants : Joueur de violon et Joueuse de guitare.

45 — Figurine en ancienne porcelaine d'Allemagne : le Marchand de fruits.

46 — Autre, même porcelaine : Jeune Garçon tenant une guirlande de fleurs.

47 — Autre, même porcelaine : l'Astronomie sous les traits d'un amour regardant dans une lunette.

48 — Autre, même porcelaine : Amour jouant de la guitare.

49 — Autre, même porcelaine : l'Amour moissonneur.

50 — Figurine, même porcelaine : Amour tenant une aiguière.

51 — Deux petits groupes, ancienne porcelaine de Saxe, se faisant pendants : Jeux d'Amours.

52 — Garniture de trois pièces en ancienne porcelaine de Hœchst, près Mayence : Amour sur les nuées, Amour portant les attributs de Mercure, et Amour tenant une draperie.

53 — Aiguière et son bassin en ancienne porcelaine de Saxe à fleurs polychromes et en ronde bosse.

54 — Groupe en ancienne porcelaine de Saxe : Allégorie de l'Amour, sous les traits de trois enfants nus en tenant les attributs et placés sur une terrasse rocaille.

55 — Figurine en ancienne porcelaine de Saxe : Diane chasseresse.

56 — Autre, même porcelaine : la Danseuse.

57 — Autre, même porcelaine : Fillette dansant, une grappe de raisin à la main.

58 — Autre, même porcelaine : la Petite Jardinière.

59 — Autre, même porcelaine : l'Amérique sous les traits d'une femme sauvage.

60 — Autre, même porcelaine : la Joueuse de vielle.

61 — Figurine en ancienne porcelaine d'Allemagne : Jupiter debout auprès d'un vase posé sur un socle carré.

62 — Autre, même porcelaine : Samson debout, tenant la mâchoire d'âne, auprès d'un vase placé sur socle carré.

63 — Bonbonnière oblongue en ancienne porcelaine de Saxe à décor, en camaïeu vert, de groupes de personnages dans des parcs, avec bordures gaufrées à rocailles ; le revers du couvercle est orné d'un portrait de femme.

64 — Bonbonnière ovale, même porcelaine, à médaillons de personnages en camaïeu vert entourés de rocailles en léger relief.

65 — Aiguière à anse sur piédouche en ancienne porcelaine de Saxe à décor de bouquets et jetés de fleurs ; culot gaufré à motifs rocaille.

66 — Deux petites jardinières obconiques en ancienne por-

celaine de Saxe : médaillons contenant des vues de
ports de mer et des paysages animés réservés sur fond
vert.

67 — Buffle broutant en ancienne porcelaine de Saxe. Socle
en bronze.

68 — Deux béquilles de cannes, ancienne porcelaine de
Saxe, l'une à tête orientale, l'autre montée en cachet, et
présentant un mascaron humain et des paysages animés
sur fond doré.

69 — Deux saucières en ancienne porcelaine de Saxe à décor
de jetés de fleurs, anses rocaille.

70 — Pipe et jambe bourre-pipe en ancienne porcelaine de
Saxe ; la pipe est formée d'une tête d'homme. Étui en
cuir gaufré.

71 — Deux tasses sans anses et leurs soucoupes en ancienne porcelaine d'Allemagne, décor en grisaille avec
tons de chair et dorure. Scènes familières.

72 — Service à thé en ancienne porcelaine de Hœchst, près
Mayence, à décor de paysages animés, composé de :
une théière couverte, un flacon à thé couvert, un sucrier
couvert, un pot à eau couvert, un pot à lait couvert, un
bol, un petit plateau, quatorze tasses avec leurs soucoupes de deux modèles.

73 — Service à thé en ancienne porcelaine de Frankenthal,
à fleurs, composé de : une théière couverte, un pot à lai t

couvert, un pot à eau couvert, un flacon à thé couvert, un bol, dix-sept tasses de deux modèles et quinze soucoupes.

74 — Porte-huilier et ses burettes, dont une couverte, en ancienne porcelaine de Hœchst, près Mayence ; décor rocaille relevé de manganèse, avec réserves de paysages en camaïeu rose.

75 — Figurine en ancienne porcelaine de Saxe : la Marchande de légumes, coiffée d'un grand chapeau blanc.

76 — Autre, même porcelaine : Amour debout, jouant de la lyre.

77 — Autre, même porcelaine : Chinois assis, tenant une tasse et ayant devant lui une autre tasse et une théière.

78 — Petit groupe, même porcelaine : Danse d'amours.

79 — Figurine, même porcelaine : personnage debout, coiffé d'un grand chapeau et portant un manteau blanc.

80 — Théière en forme de singe, même porcelaine.

81 — Le Printemps, figurine terminée en gaine, même porcelaine.

82 — Groupe, même porcelaine : scène galante, personnages de la comédie italienne.

83 — Deux flambeaux analogues, même porcelaine ; décor de fleurs et de motifs rocaille, l'un d'eux à bordure gaufrée à vannerie.

84 — Figurine en ancienne porcelaine de Berlin : la Petite Marchande de volailles.

85 — Figurine en ancienne porcelaine de Saxe : Amour assis sur une terrasse rocaille, fragment de groupe.

86 — Six assiettes en ancienne porcelaine d'Allemagne : volailles au pied d'un arbre; marli gaufré à vannerie.

87 — Treize assiettes en ancienne porcelaine de Saxe, à fleurs avec marli gaufré à vannerie.

88 — Dix assiettes en ancienne porcelaine de Nymphenbourg, à fleurs avec gaufrure imitant l'osier.

89 — Deux assiettes en ancienne porcelaine de Saxe, fleurs avec oiseaux et fleurettes gaufrées au marli.

90 — Plateau oblong à bords obliques et contournés en ancienne porcelaine de Saxe : fleurs et gaufrures à la chute.

91 — Chèvre et bouc en ancienne porcelaine de Saxe, émaillée au naturel.

BISCUITS, PORCELAINES DIVERSES

92 — Groupe en ancien biscuit de Sèvres : Pygmalion et la statue ; socle en ancienne porcelaine tendre de Sèvres, émaillée bleu turquoise et présentant en lettres dorées la légende :

Si Pygmalion la forma
Si le ciel anima son être,
L'amour fit plus, il l'enflamma
Sans lui que servirait de naître.

Rehauts de dorure par *Le Guay*.

93 — Deux groupes en biscuit : Femmes et Amours.

94 — Groupe en ancien biscuit de Sèvres : Vénus et Amour couronnés de roses. Signé : *L. R. Leriche*.

95 — Bas-relief en biscuit : l'Hiver.

96 — Petite bonbonnière ronde en ancienne porcelaine dure de Sèvres (?), montée en or ; sur le couvercle : Portrait de femme, guirlandes au pourtour.

97 — Tasse cylindrique et sa soucoupe en ancienne porcelaine dure de Sèvres, émaillée bleu, avec bordure de paysages en camaïeu rose. Lettre MM, 1788. Décor par *Rosset*.

98 — Flacon en porcelaine de Chelsea : le Petit Dénicheur d'oiseaux.

99 — Deux flambeaux formés d'un sphinx assis sur socle enguirlandé, en ancienne porcelaine italienne ; douilles en argent.

100 — Figurine en porcelaine dure : la Glaneuse.

101 — Bouteille en porcelaine émaillé bleue, du temps de Louis XVI, à décor doré, de style antique. Monture en bronze.

102 — Vase balustre en porcelaine émaillée vert, monture Louis XVI, en bronze, à col, anses et piédouche à tore de laurier.

103 — Deux bouteilles piriformes côtelées en porcelaine émaillée vert, à anses dragons. Monture rocaille en bronze.

FAIENCES

104 — Statuette en terre cuite émaillée marron et jaune : Judith tenant la tête d'Holopherne. École des Robbia.

105 — Écritoire ovale en ancienne faïence d'Urbino, à décor de grotesques en couleurs.

106 — Aiguière en ancienne faïence de Nevers, à décor blanc de rinceaux, sur fond gros bleu.

107 — Autre plus petite, même faïence.

108 — Fontaine couverte à anses et sur piédouche en

ancienne faïence de Nevers, à décor blanc de personnages chinois et fleurs, sur fond gros bleu.

109 — Deux jardinières : l'une lobée, l'autre ovale, en ancienne faïence de Nevers, à décor blanc, de style chinois sur fond gros bleu.

110 — Gourde à double renflement en ancienne faïence de Nevers, à décor blanc de fleurs sur fond gros bleu.

OBJETS VARIÉS

111 — Médaillon rond en émail peint de Limoges. XVIe siècle. Saint Jérome.

112 — Médaillon ovale en émail peint : Portrait de femme. Cadre en or.

113 — Médaillon ovale émaillé sur or : sujet mythologique. XVIIe siècle. Monté en broche.

114 — Autre : Portrait d'homme. XVIIe siècle.

115 — Médaillon ovale en émail peint : sujet biblique. XVIIe siècle. Monté argent.

116 — Miniature ovale sur ivoire : le Temps coupant les ailes à l'Amour.

117 — Miniature sur vélin : Suzanne et les deux Vieillards, par *R. van Orley*. Signée.

118 — Portrait présumé de la duchesse de Phalaris; médaillon ovale à la mine de plomb.

119 — Feuille d'éventail Empire : sujet mythologique et figures allégoriques.

120 — Éventail Louis XVI, monté nacre : sur la feuille : Sacrifice à l'Amour.

121 — Étui en forme de livre, en nacre gravée et cuivre, orné sur un des plats d'un médaillon en grisaille : la Famille de Louis XVI (?).

122 — Deux gobelets en émail peint de Limoges, XVIIe siècle : sujets mythologiques.

123 — Petit groupe en buis sculpté : la Vierge et l'Enfant. XVIe siècle.

124 — Croix en cristal de roche : les extrémités sont garnies en or partiellement émaillé et ornées de petites perles fines.

125 — Médaillon formé d'un camée à deux couches : personnage tenant un masque tragique. Monture en vermeil.

126 — Deux gobelets avec soucoupes en argent émaillé : Bustes de personnages, et sujets mythologiques.

127 — Gaine en cuir noir, contenant un couteau et une fourchette à manches d'ivoire formés d'un personnage. XVIIe siècle.

128 — Gaine en peau de serpent, contenant un couteau et

une fourchette à manches d'ivoire : Jeux d'amours. Montures en argent. XVIIe siècle.

129 — Deux pièces : fourchette à manche d'ivoire en forme de femme, et couteau à manche d'os en forme de joueur de vielle.

130 — Cinq pièces : deux couteaux en agate montée argent, et cuillère, fourchette et couteau, fer partiellement argenté et doré : le cuilleron de la cuillère est en argent. XVIIe siècle.

131 — Fragment de forme cylindrique en cuivre gravé et ajouré à entrelacs.

132 — Christ en ivoire sculpté, du XVIIe siècle, sur croix en bois noir.

133 — Deux statuettes en terre cuite : personnages en costume antique. XVIIe siècle.

134 — Cippe cylindrique en cristal, sur piédouche et avec couvercle en argent repoussé et gravé.

135 — Cent trente-cinq jetons de présence en argent, de diverses époques.

136 — Petit coffre en marqueterie de bois de rose, à quadrillés ; poignées de cuivre.

BRONZES

137 — Lampe antique en bronze noir, formée d'un amour debout tenant sous son bras un dauphin, yeux en argent; pied en marbre.

138 — Le Petit Colporteur. Figurine en bronze à patine brune. Allemagne (?). xviie siècle. Base en marbre.

139 — Apollon, d'après l'antique. Bronze à patine brune. Italie. xvie siècle. Base en bronze.

140 — Adolescent nu, debout auprès d'un tronc d'arbre, d'après l'antique. Italie. xvie siècle. Socle en marbre noir.

141 — Statuette de Renommée, bronze à patine brune. Ancien travail italien. Support en bois noir.

142 — Petit buste d'homme en bronze à patine brune. Travail italien. xviie siècle.

143 — Groupe en bronze à patine brune : Vénus et l'Amour. xviie siècle.

144 — Statuette en bronze, à patine brune : Vénus sortant du bain. Italie. xvie siècle. Socle en marqueterie de cuivre et bois noir.

145 — Statuette en bronze à patine brune : Naïade sur un dauphin. xviie siècle.

146 — Statuette en bronze à patine brune : Femme debout, drapée à l'antique. XVIIIe siècle. Socle en marqueterie de cuivre avec garnitures de bronze.

147 — Petit buste d'adolescent portant la cuirasse antique. Bronze. Ancien travail italien.

148 — Apollon debout appuyé à un tronc d'arbre auquel est suspendu un carquois. Bronze à patine brune. Italie. XVIe siècle.

149 — Adolescent nu debout. Bronze. Italie. XVIe siècle.

150 — Support en bronze à patine brune, formé de trois enfants dont le corps se termine en feuillages et griffes de lions et réunis par trois mascarons de chérubins. Italie. XVIe siècle.

151 — Chimère formée d'un dragon à tête humaine. Bronze à patine brune. Italie. XVIe siècle.

152 — Fragment en bronze à patine brune, formé de l'avant-train d'un cheval au galop. Italie. XVIe siècle.

153 — Lampe formée d'un homme nu accroupi, la tête passée entre les jambes. Bronze. Italie. XVIe siècle.

154 — Taureau couché portant une figurine d'Hercule enfant, tenant d'une main un poignard, et de l'autre le serpent. Bronze. Ancien travail italien.

155 — Mortier à anses en bronze à patine brune, présentant en léger relief des écussons armoriés, animaux chimériques, bucranes. Italie. XVIe siècle.

156 — Deux petits bas-reliefs en bronze : Diane et Endymion, Hercule et Omphale. Italie. xvie siècle.

157 — Encrier circulaire en bronze à patine brune : mufles de lions et rinceaux. Italie. xvie siècle.

158 — Apollon debout : figurine en bronze. Ancien travail italien.

159 — Lion héraldique tenant un écusson armorié. Bronze doré. xviie siècle.

160 — Deux statuettes en bronze noir, pouvant se faire pendants : Guerriers debout vêtus à l'antique. Italie. xvie siècle. Base en bois noir.

161 — Statuette en bronze noir Diane : Italie. xvie siècle.

162 — Statuette en bronze noir : Guerrier debout, vêtu à l'antique, un bras surélevé. Italie. xvie siècle. Base en bois.

163 — Statuette en bronze noir : Empereur romain debout ; base en bronze. Italie. xvie siècle.

164 — Lion passant en bronze à patine brune.

165 — Chien assis en bronze à patine brune, socle en marbre vert antique.

166 — Candélabre Louis XVI à quatre lumières en bronze noir, bronze doré et marbre blanc, formé d'un balustre soutenu par trois griffons et supportant les branches porte-lumières formées d'enfants, à corps terminé en feuillages.

167 — Deux urnes sur piédouche en marbre blanc et de couleur, ornées de guirlandes, frises et mufles de lions en bronze.

168 — Vase Louis XVI en marbre vert campan, monture en bronze à anses serpents, col et piédouche; socle en marbre blanc.

169 — Flambeau de style Louis XVI en bronze, marbre griotte et marbre blanc, formé d'un enfant debout, portant sur l'épaule une aiguière d'où s'échappe la branche porte-lumière.

170 — Autre, ne différant du précédent que par l'attitude de l'enfant.

PENDULES

171 — Horloge plate carrée surmontée d'un crucifix en bronze, décor de rinceaux gravés. Signée : *Peter Beme, 1629.* Allemagne. XVIIᵉ siècle.

172 — Horloge de table en cuivre gravé, affectant la forme d'un édicule à quatre faces, surmonté d'un clocheton à balustrade ; décor de rinceaux, écusson d'évêque. Allemagne. XVIᵉ siècle.

173 — Petite horloge de table en cuivre rouge doré, en forme d'édicule à quatre faces, orné de figures allégoriques et d'entrelacs gravés, avec figurine au sommet et timbre en guise de coupole. Allemagne. XVIe siècle.

174 — Pendule-applique avec son socle, du temps de Louis XIV, de *Gaudron, à Paris,* en marqueterie de cuivre et d'écaille ; elle est ornée de mascarons, vases de flammes, bas-reliefs, etc., en bronze.

175 — Pendule-applique avec socle, du temps de Louis XIV, de *Mynuel, à Paris,* en marqueterie de cuivre et d'écaille ; garnitures de bronze doré.

176 — Pendule du temps de Louis XV en bronze doré, de *Charles Balthazar, à Paris ;* de forme contournée et ornée de motifs rocaille, elle est décorée de cinq statuettes de personnages de la comédie italienne, divisés en deux groupes, l'un au-dessus du mouvement, l'autre à la base.

177 — Pendule Louis XVI de *du Tertre, à Paris,* en bronze, formée d'une colonne cannelée surmontée d'un globe terrestre.

178 — Pendule en bronze et ancienne porcelaine de Saxe ; le mouvement, *de Masson, à Paris,* est compris dans un bouquet de fleurs s'échappant d'un socle sur lequel se tiennent deux enfants debout et un chien ; il est surmonté d'un paon en ancienne porcelaine de Chelsea.

MEUBLES

179 — Console Régence en chêne sculpté, ornée de mascarons, dragons et feuillages. Dessus de marbre.

180 — Console Régence en noyer sculpté, sur pieds à
volutes reliés à la ceinture par des têtes de satyres.

181 — Console Louis XVI de forme contournée, en marqueterie de bois de citronnier et d'acajou ; elle contient trois
tiroirs dont deux sur les côtés ; tablette d'entrejambes et
fond plein, encadrements et galeries en bronze ; dessus
de marbre blanc.

182 — Petite commode Louis XV, formant secrétaire, en
marqueterie de bois de violette et d'amarante ; il contient
trois tiroirs et le dessus forme bureau ; poignées et
entrées de serrures en bronze.

183 — Table-toilette Louis XVI en acajou moucheté, pouvant former bureau ; garniture de bronze ; elle contient
de nombreux tiroirs et compartiments.

184 — Deux petites encoignures à une porte en marqueterie
de bois de couleur ; sur la porte, scène orientale. Dessus
de marbre brèche. XVIIIe siècle.

185 — Console Louis XV en bois sculpté et doré : sujet tiré
des fables de La Fontaine ; mufles de lions et motifs
rocaille. Dessus de marbre.

186 — Console Louis XV, en bois sculpté et doré, à motifs rocaille. Dessus de marbre.

187 — Lutrin en bois sculpté à motifs rocaille. xviiie siècle.

ÉTOFFES ET DENTELLES

188 — Aumônière en velours vert brodé de métal. xviie siècle.

189 — Deux pièces : chasuble et étole en lampas, à fond jaune, avec orfroi brodé, à figures de saints. xvie siècle.

190 — Trois pièces : chasuble, étole et manipule en damas lie de vin avec orfroi brodé, à figures de saints. xvie siècle.

191 — Deux fragments d'orfrois brodés en soie, au passé et lamés de métal : figures de saints. xvie siècle.

192 — Devant d'autel en velours rouge, avec applications de figures brodées au passé : un Pape entre saint Martin et sainte Seconde. xviie siècle.

193 — Trois pièces : habit brodé avec paillettes sur fond de soie prune, et deux gilets brodés, sur fond de soie blanche. xviiie siècle.

194 — Petit tapis en velours rouge, brodé au plumetis en couleur et métal ; au centre, écusson armorié ; franges à grille.

195 — Quatre petits tapis en velours rouge, brodé en soie de couleurs : oiseaux, fleurs, insectes.

196 — Dessus de lit en satin blanc, brodé de feuillages en soie rouge.

197 — Petit tapis en satin violet, brodé à rinceaux et corbeilles à fleurs en soie blanche.

198 — Tapis persan en satin crème, brodé de métal, à ramages, avec franges.

199 — Trois coupons en soie brochée, à rayures et fleurs sur fond vert.

200 — Tenture en soie brochée, à fleurs et bandes sur fond vert armuré.

201 — Huit pièces : velours de Gênes ciselé, à ramages marron et rouge sur fond lamé de métal.

202 — Dix pièces : un semainier, deux boîtes rondes, deux brosses, deux blaireaux, tapis de table et deux coussins en brocart, à fond vieux rose et galon lamé de métal.

203 — Écharpe persane, coton brodé.

204 — Dessus de lit en guipure.

205 — Bande, dentelle italienne. — Long., 4 m. 10 cent.

206 — Tapis, guipure.

207 — Trois pièces de costume : dentelle de Venise.

208 — Quatre pièces : dentelle, point de Venise.

209 — Bande de guipure. — Long., 4 m. 15 cent.

210 — Seize pièces diverses, point d'Alençon.

211 — Deux bandes, dentelle de Bruxelles. — Longueur de chacune, 60 cent.

212 — Bande, dentelle italienne. — Long., 4 m. 85 cent.

213 — Barbe, dentelle de Bruxelles. — Long., 1 m. 45 cent.

214 — Trois pièces, guipure.

215 — Bande, guipure.

216 — Autre. — Long., 3 m. 40 cent.

217 — Trois pièces et bande, dentelle duchesse. — Longueur de la bande, 8 m. 20 cent.

www.ingramcontent.com/pod-product-compliance
Ingram Content Group UK Ltd.
Pitfield, Milton Keynes, MK11 3LW, UK
UKHW031720170726
13836UKWH00001B/358